50 Recetas para la Noche de Pizza

Por: Kelly Johnson

Table of Contents

- Pizza Margherita
- Pizza Pepperoni
- Pizza Cuatro Quesos
- Pizza Hawaiana
- Pizza Vegetariana
- Pizza BBQ con Pollo
- Pizza de Champiñones y Espinacas
- Pizza de Jamón y Piña
- Pizza de Salchicha Italiana
- Pizza de Atún y Cebolla
- Pizza de Alcachofa y Jamón Serrano
- Pizza de Pollo al Pesto
- Pizza de Queso de Cabra y Cebolla Caramelizada
- Pizza de Carne Molida y Jalapeños
- Pizza de Tomate Seco y Rúcula
- Pizza de Berenjena y Queso Feta
- Pizza de Chorizo y Pimientos

- Pizza Blanca con Ajo y Romero
- Pizza de Gambas y Ajo
- Pizza de Calabacín y Mozzarella
- Pizza de Salami y Aceitunas
- Pizza de Pollo Buffalo
- Pizza de Bacon y Cebolla
- Pizza de Alcachofa y Olivas Negras
- Pizza de Espinacas y Ricotta
- Pizza de Carne Asada
- Pizza de Camarones y Jalapeños
- Pizza de Huevo y Tocino
- Pizza de Pollo a la Barbacoa
- Pizza de Queso Azul y Nueces
- Pizza de Tomate Cherry y Albahaca
- Pizza de Pesto y Mozzarella
- Pizza de Pollo Teriyaki
- Pizza de Jamón, Queso y Champiñones
- Pizza de Cordero y Menta
- Pizza de Salmón Ahumado y Alcaparras

- Pizza de Pollo y Piña
- Pizza de Cangrejo y Queso Crema
- Pizza de Carne de Res y Jalapeños
- Pizza de Alcachofa y Jamón
- Pizza de Pollo y Espinacas
- Pizza de Tocino y Champiñones
- Pizza de Pepperoni y Pimiento
- Pizza de Queso Ricotta y Miel
- Pizza de Vegetales Asados
- Pizza de Pollo al Curry
- Pizza de Jamón York y Queso
- Pizza de Chorizo y Queso Manchego
- Pizza de Cebolla Caramelizada y Queso de Cabra
- Pizza de Mozzarella y Tomate

Pizza Margherita

Ingredientes:

- Masa para pizza (puede ser casera o comprada)
- 200 g de salsa de tomate
- 200 g de mozzarella fresca
- Hojas frescas de albahaca
- Aceite de oliva
- Sal al gusto

Instrucciones:

1. Precalienta el horno a 250 °C (480 °F).
2. Extiende la masa sobre una bandeja o piedra para pizza.
3. Cubre con la salsa de tomate de manera uniforme.
4. Coloca la mozzarella en trozos sobre la salsa.
5. Hornea durante 10-12 minutos hasta que la masa esté dorada y el queso derretido.
6. Retira, añade las hojas de albahaca fresca y un chorrito de aceite de oliva. Sirve caliente.

Pizza Pepperoni

Ingredientes:

- Masa para pizza
- 200 g de salsa de tomate
- 200 g de queso mozzarella rallado
- 100 g de pepperoni en rodajas

Instrucciones:

1. Precalienta el horno a 250 °C (480 °F).
2. Extiende la masa en la bandeja.
3. Unta la salsa de tomate.
4. Espolvorea el queso mozzarella.
5. Distribuye las rodajas de pepperoni por encima.
6. Hornea 10-12 minutos hasta que el queso esté fundido y burbujeante. Sirve.

Pizza Cuatro Quesos

Ingredientes:

- Masa para pizza
- 150 g de salsa de tomate
- 50 g de queso mozzarella
- 50 g de queso cheddar
- 50 g de queso azul (roquefort o gorgonzola)
- 50 g de queso parmesano rallado

Instrucciones:

1. Precalienta el horno a 250 °C (480 °F).
2. Extiende la masa y cubre con salsa de tomate.
3. Distribuye los quesos sobre la salsa.
4. Hornea 10-12 minutos hasta que se funda y dore ligeramente. Sirve.

Pizza Hawaiana

Ingredientes:

- Masa para pizza
- 200 g de salsa de tomate
- 150 g de queso mozzarella rallado
- 100 g de jamón en trozos
- 100 g de piña en trozos

Instrucciones:

1. Precalienta el horno a 250 °C (480 °F).
2. Extiende la masa y unta salsa de tomate.
3. Espolvorea mozzarella, añade jamón y piña.
4. Hornea 10-12 minutos y sirve caliente.

Pizza Vegetariana

Ingredientes:

- Masa para pizza
- 200 g de salsa de tomate
- 150 g de queso mozzarella
- 1 pimiento rojo en tiras
- 1 cebolla en rodajas
- 100 g de champiñones laminados
- Aceitunas negras al gusto
- 1 calabacín en rodajas finas

Instrucciones:

1. Precalienta el horno a 250 °C (480 °F).
2. Extiende la masa y unta salsa de tomate.
3. Añade mozzarella y todas las verduras.
4. Hornea 12-15 minutos y sirve.

Pizza BBQ con Pollo

Ingredientes:

- Masa para pizza
- 150 g de salsa BBQ
- 150 g de queso mozzarella rallado
- 150 g de pechuga de pollo cocida y desmenuzada
- Cebolla morada en rodajas finas

Instrucciones:

1. Precalienta el horno a 250 °C (480 °F).
2. Extiende la masa y unta salsa BBQ.
3. Añade mozzarella, pollo y cebolla.
4. Hornea 10-12 minutos y sirve.

Pizza de Champiñones y Espinacas
Ingredientes:

- Masa para pizza
- 200 g de salsa de tomate
- 150 g de queso mozzarella
- 150 g de champiñones laminados
- 100 g de espinacas frescas

Instrucciones:

1. Precalienta el horno a 250 °C (480 °F).
2. Extiende la masa y unta salsa de tomate.
3. Añade mozzarella, champiñones y espinacas.
4. Hornea 12-15 minutos y sirve caliente.

Pizza de Jamón y Piña
(Similar a la Hawaiana, pero aquí con más énfasis en jamón y piña)
Ingredientes:

- Masa para pizza
- 200 g de salsa de tomate
- 150 g de mozzarella rallada
- 150 g de jamón cocido en trozos
- 120 g de piña en trozos

Instrucciones:

1. Precalienta el horno a 250 °C (480 °F).
2. Extiende la masa, unta salsa de tomate.
3. Añade queso, jamón y piña.
4. Hornea 10-12 minutos y sirve.

Pizza de Salchicha Italiana

Ingredientes:

- Masa para pizza
- 200 g de salsa de tomate
- 150 g de queso mozzarella rallado
- 150 g de salchicha italiana (sin piel y desmenuzada)
- 1/2 cebolla picada
- Orégano seco al gusto

Instrucciones:

1. Cocina la salchicha en sartén hasta dorar y cocina la cebolla hasta que esté transparente.
2. Precalienta el horno a 250 °C (480 °F).
3. Extiende la masa y unta salsa de tomate.
4. Añade mozzarella, salchicha y cebolla.
5. Espolvorea orégano y hornea 12-15 minutos. Sirve caliente.

Pizza de Atún y Cebolla

Ingredientes:

- Masa para pizza
- 200 g de salsa de tomate
- 150 g de queso mozzarella rallado
- 1 lata de atún en aceite, escurrido
- 1 cebolla mediana en rodajas finas
- Aceitunas negras (opcional)

Instrucciones:

1. Precalienta el horno a 250 °C (480 °F).
2. Extiende la masa, unta la salsa de tomate.
3. Agrega el queso mozzarella, distribuye el atún y la cebolla por encima.
4. Añade aceitunas si deseas.
5. Hornea 10-12 minutos hasta que el queso se derrita. Sirve caliente.

Pizza de Alcachofa y Jamón Serrano

Ingredientes:

- Masa para pizza
- 150 g de salsa de tomate
- 150 g de queso mozzarella
- 100 g de corazones de alcachofa (pueden ser en conserva)
- 100 g de jamón serrano en lonchas

Instrucciones:

1. Precalienta el horno a 250 °C (480 °F).
2. Extiende la masa y cubre con la salsa de tomate.
3. Añade mozzarella, alcachofas y jamón serrano.
4. Hornea 10-12 minutos y sirve.

Pizza de Pollo al Pesto

Ingredientes:

- Masa para pizza
- 150 g de salsa pesto
- 150 g de queso mozzarella
- 150 g de pollo cocido y desmenuzado

Instrucciones:

1. Precalienta el horno a 250 °C (480 °F).
2. Extiende la masa y unta la salsa pesto.
3. Añade mozzarella y pollo.
4. Hornea 10-12 minutos. Sirve caliente.

Pizza de Queso de Cabra y Cebolla Caramelizada

Ingredientes:

- Masa para pizza
- 150 g de queso de cabra en trozos
- 1 cebolla grande caramelizada
- 150 g de queso mozzarella (opcional)
- Aceite de oliva

Instrucciones:

1. Precalienta el horno a 250 °C (480 °F).
2. Extiende la masa. Si deseas, unta un poco de aceite de oliva.
3. Distribuye el queso de cabra, la cebolla caramelizada y la mozzarella.
4. Hornea 12-15 minutos. Sirve.

Pizza de Carne Molida y Jalapeños

Ingredientes:

- Masa para pizza
- 150 g de salsa de tomate
- 150 g de queso mozzarella
- 150 g de carne molida cocida y sazonada
- Jalapeños en rodajas al gusto

Instrucciones:

1. Precalienta el horno a 250 °C (480 °F).
2. Extiende la masa y unta la salsa de tomate.
3. Añade mozzarella, carne molida y jalapeños.
4. Hornea 12-15 minutos. Sirve caliente.

Pizza de Tomate Seco y Rúcula

Ingredientes:

- Masa para pizza
- 150 g de queso mozzarella
- 100 g de tomates secos hidratados y picados
- 1 taza de rúcula fresca
- Aceite de oliva

Instrucciones:

1. Precalienta el horno a 250 °C (480 °F).
2. Extiende la masa y añade mozzarella y tomates secos.
3. Hornea 10-12 minutos.
4. Al sacar la pizza, cubre con rúcula fresca y un chorrito de aceite de oliva. Sirve.

Pizza de Berenjena y Queso Feta
Ingredientes:

- Masa para pizza
- 150 g de salsa de tomate
- 150 g de queso mozzarella
- 1 berenjena pequeña en rodajas finas
- 100 g de queso feta desmenuzado

Instrucciones:

1. Precalienta el horno a 250 °C (480 °F).
2. Extiende la masa y unta la salsa de tomate.
3. Añade mozzarella, berenjena y queso feta.
4. Hornea 12-15 minutos. Sirve caliente.

Pizza de Chorizo y Pimientos

Ingredientes:

- Masa para pizza
- 150 g de salsa de tomate
- 150 g de queso mozzarella
- 100 g de chorizo en rodajas
- 1 pimiento rojo en tiras

Instrucciones:

1. Precalienta el horno a 250 °C (480 °F).
2. Extiende la masa y unta salsa de tomate.
3. Añade mozzarella, chorizo y pimientos.
4. Hornea 12-15 minutos y sirve.

Pizza Blanca con Ajo y Romero

Ingredientes:

- Masa para pizza
- 150 g de queso mozzarella
- 2-3 dientes de ajo finamente picados
- 1 cucharada de aceite de oliva
- Romero fresco al gusto
- Sal y pimienta al gusto

Instrucciones:

1. Precalienta el horno a 250 °C (480 °F).
2. Extiende la masa y unta una mezcla de aceite de oliva y ajo picado.
3. Añade mozzarella, espolvorea romero, sal y pimienta.
4. Hornea 10-12 minutos y sirve caliente.

Pizza de Gambas y Ajo

Ingredientes:

- Masa para pizza
- 150 g de queso mozzarella
- 150 g de gambas peladas
- 3 dientes de ajo picados
- Aceite de oliva
- Perejil picado
- Sal y pimienta

Instrucciones:

1. Precalienta el horno a 250 °C (480 °F).
2. En una sartén con aceite, saltea las gambas con ajo, sal y pimienta hasta que estén rosadas.
3. Extiende la masa, agrega mozzarella.
4. Distribuye las gambas con ajo por encima.
5. Hornea 10-12 minutos. Al salir, espolvorea perejil fresco.

Pizza de Calabacín y Mozzarella

Ingredientes:

- Masa para pizza
- 150 g de queso mozzarella
- 1 calabacín en rodajas finas
- Aceite de oliva
- Sal y pimienta

Instrucciones:

1. Precalienta el horno a 250 °C (480 °F).
2. Extiende la masa y coloca mozzarella.
3. Añade las rodajas de calabacín, rocía con aceite, sal y pimienta.
4. Hornea 12-15 minutos. Sirve caliente.

Pizza de Salami y Aceitunas

Ingredientes:

- Masa para pizza
- 200 g de salsa de tomate
- 150 g de queso mozzarella
- 100 g de salami en rodajas
- Aceitunas negras al gusto

Instrucciones:

1. Precalienta el horno a 250 °C (480 °F).
2. Extiende la masa, unta la salsa de tomate.
3. Agrega mozzarella, salami y aceitunas.
4. Hornea 10-12 minutos.

Pizza de Pollo Buffalo

Ingredientes:

- Masa para pizza
- 150 g de queso mozzarella
- 150 g de pollo cocido en trozos
- Salsa buffalo (mezcla de salsa picante y mantequilla)
- Cebolla morada en rodajas finas
- Apio picado (opcional)

Instrucciones:

1. Mezcla el pollo con salsa buffalo.
2. Precalienta el horno a 250 °C (480 °F).
3. Extiende la masa y agrega mozzarella.
4. Añade el pollo con salsa y cebolla.
5. Hornea 10-12 minutos y decora con apio si quieres.

Pizza de Bacon y Cebolla

Ingredientes:

- Masa para pizza
- 150 g de queso mozzarella
- 150 g de bacon en tiras
- 1 cebolla en rodajas finas

Instrucciones:

1. Precalienta el horno a 250 °C (480 °F).
2. Cocina el bacon hasta que esté crujiente.
3. Extiende la masa y agrega mozzarella.
4. Añade bacon y cebolla.
5. Hornea 12-15 minutos. Sirve.

Pizza de Alcachofa y Olivas Negras

Ingredientes:

- Masa para pizza
- 150 g de queso mozzarella
- 100 g de alcachofas (en conserva o cocidas)
- Aceitunas negras al gusto

Instrucciones:

1. Precalienta el horno a 250 °C (480 °F).
2. Extiende la masa, añade mozzarella.
3. Distribuye alcachofas y aceitunas.
4. Hornea 12-15 minutos.

Pizza de Espinacas y Ricotta

Ingredientes:

- Masa para pizza
- 150 g de queso mozzarella
- 100 g de ricotta
- 100 g de espinacas frescas
- Ajo picado
- Aceite de oliva

Instrucciones:

1. Saltea las espinacas con ajo y un poco de aceite.
2. Precalienta el horno a 250 °C (480 °F).
3. Extiende la masa, añade mozzarella.
4. Distribuye las espinacas y porciones de ricotta.
5. Hornea 12-15 minutos.

Pizza de Carne Asada

Ingredientes:

- Masa para pizza
- 150 g de salsa de tomate
- 150 g de queso mozzarella
- 150 g de carne asada en tiras
- Cebolla y cilantro (opcional)

Instrucciones:

1. Precalienta el horno a 250 °C (480 °F).
2. Extiende la masa, unta salsa.
3. Añade mozzarella y carne.
4. Hornea 10-12 minutos. Al sacar, añade cebolla y cilantro si quieres.

Pizza de Camarones y Jalapeños

Ingredientes:

- Masa para pizza
- 150 g de queso mozzarella
- 150 g de camarones pelados
- Jalapeños en rodajas
- Ajo picado
- Aceite de oliva

Instrucciones:

1. Saltea camarones con ajo y aceite hasta que estén rosados.
2. Precalienta el horno a 250 °C (480 °F).
3. Extiende la masa, añade mozzarella.
4. Añade camarones y jalapeños.
5. Hornea 10-12 minutos. Sirve.

Pizza de Huevo y Tocino

Ingredientes:

- Masa para pizza
- 150 g de queso mozzarella
- 3 huevos
- 150 g de tocino en tiras
- Sal y pimienta

Instrucciones:

1. Cocina el tocino hasta que esté crujiente.
2. Precalienta el horno a 250 °C (480 °F).
3. Extiende la masa y añade mozzarella.
4. Distribuye el tocino y casca los huevos encima (puedes hacer pequeños huecos para que no se desparramen).
5. Hornea 12-15 minutos hasta que las claras estén cocidas y la yema al punto deseado. Sirve.

Pizza de Pollo a la Barbacoa

Ingredientes:

- Masa para pizza
- 150 g de queso mozzarella
- 150 g de pollo cocido y desmenuzado
- 100 g de salsa barbacoa
- 1 cebolla roja en rodajas finas
- Cilantro fresco (opcional)

Instrucciones:

1. Precalienta el horno a 250 °C (480 °F).
2. Mezcla el pollo con la salsa barbacoa.
3. Extiende la masa y agrega el queso mozzarella.
4. Distribuye el pollo con salsa barbacoa y las rodajas de cebolla.
5. Hornea 10-12 minutos. Al sacar, espolvorea cilantro fresco si deseas.

Pizza de Queso Azul y Nueces

Ingredientes:

- Masa para pizza
- 100 g de queso azul desmenuzado
- 150 g de queso mozzarella
- 50 g de nueces troceadas
- Miel para rociar (opcional)

Instrucciones:

1. Precalienta el horno a 250 °C (480 °F).
2. Extiende la masa, coloca mozzarella y queso azul.
3. Añade las nueces por encima.
4. Hornea 10-12 minutos. Al sacar, rocía un poco de miel para un toque dulce (opcional).

Pizza de Tomate Cherry y Albahaca

Ingredientes:

- Masa para pizza
- 150 g de queso mozzarella
- 200 g de tomates cherry partidos a la mitad
- Hojas frescas de albahaca
- Aceite de oliva
- Sal y pimienta

Instrucciones:

1. Precalienta el horno a 250 °C (480 °F).
2. Extiende la masa, coloca mozzarella y tomates cherry.
3. Hornea 10-12 minutos.
4. Al sacar, añade las hojas de albahaca, rocía aceite de oliva, salpimienta y sirve.

Pizza de Pesto y Mozzarella

Ingredientes:

- Masa para pizza
- 150 g de salsa pesto
- 150 g de queso mozzarella
- Piñones (opcional)

Instrucciones:

1. Precalienta el horno a 250 °C (480 °F).
2. Extiende la masa y unta la salsa pesto.
3. Agrega la mozzarella y piñones si deseas.
4. Hornea 10-12 minutos y sirve caliente.

Pizza de Pollo Teriyaki

Ingredientes:

- Masa para pizza
- 150 g de queso mozzarella
- 150 g de pollo cocido y troceado
- Salsa teriyaki
- Cebolla verde picada

Instrucciones:

1. Mezcla el pollo con salsa teriyaki.
2. Precalienta el horno a 250 °C (480 °F).
3. Extiende la masa y agrega mozzarella.
4. Añade el pollo con salsa.
5. Hornea 10-12 minutos y decora con cebolla verde al sacar.

Pizza de Jamón, Queso y Champiñones

Ingredientes:

- Masa para pizza
- 150 g de salsa de tomate
- 150 g de queso mozzarella
- 100 g de jamón en tiras
- 100 g de champiñones en láminas

Instrucciones:

1. Precalienta el horno a 250 °C (480 °F).
2. Extiende la masa, unta la salsa de tomate.
3. Agrega mozzarella, jamón y champiñones.
4. Hornea 12-15 minutos y sirve.

Pizza de Cordero y Menta

Ingredientes:

- Masa para pizza
- 150 g de salsa de tomate
- 150 g de queso mozzarella
- 150 g de carne de cordero cocida y desmenuzada
- Hojas frescas de menta

Instrucciones:

1. Precalienta el horno a 250 °C (480 °F).
2. Extiende la masa y unta la salsa de tomate.
3. Añade mozzarella y carne de cordero.
4. Hornea 12-15 minutos.
5. Al sacar, añade hojas frescas de menta para aroma.

Pizza de Salmón Ahumado y Alcaparras

Ingredientes:

- Masa para pizza
- 150 g de queso crema
- 150 g de salmón ahumado en lonchas
- 2 cucharadas de alcaparras
- Eneldo fresco (opcional)

Instrucciones:

1. Precalienta el horno a 220 °C (430 °F).
2. Extiende la masa y unta una capa de queso crema.
3. Hornea 8-10 minutos hasta que la base esté crujiente.
4. Al sacar, coloca el salmón ahumado, alcaparras y eneldo fresco.
5. Sirve inmediatamente.

Pizza de Pollo y Piña

Ingredientes:

- Masa para pizza
- 150 g de queso mozzarella
- 150 g de pollo cocido y desmenuzado
- 100 g de piña en trozos
- Salsa de tomate

Instrucciones:

1. Precalienta el horno a 250 °C (480 °F).
2. Extiende la masa y unta la salsa de tomate.
3. Añade mozzarella, pollo y piña.
4. Hornea 12-15 minutos hasta que esté dorada.

Pizza de Cangrejo y Queso Crema
  Ingredientes:

- Masa para pizza
- 150 g de queso crema
- 150 g de carne de cangrejo (puede ser surimi o fresco)
- Cebollino picado

Instrucciones:

1. Precalienta el horno a 220 °C (430 °F).
2. Extiende la masa y unta queso crema.
3. Añade la carne de cangrejo y hornea 10-12 minutos.
4. Al sacar, espolvorea cebollino fresco.

Pizza de Carne de Res y Jalapeños

Ingredientes:

- Masa para pizza
- 150 g de queso mozzarella
- 150 g de carne de res molida cocida
- Jalapeños en rodajas
- Salsa de tomate

Instrucciones:

1. Cocina la carne molida con sal y pimienta.
2. Precalienta el horno a 250 °C (480 °F).
3. Extiende la masa, unta salsa de tomate.
4. Añade mozzarella, carne de res y jalapeños.
5. Hornea 12-15 minutos.

Pizza de Alcachofa y Jamón
  Ingredientes:

- Masa para pizza
- 150 g de queso mozzarella
- 100 g de alcachofas (en conserva o cocidas)
- 100 g de jamón en tiras

Instrucciones:

1. Precalienta el horno a 250 °C (480 °F).
2. Extiende la masa y coloca mozzarella.
3. Agrega alcachofas y jamón.
4. Hornea 12-15 minutos.

Pizza de Pollo y Espinacas

Ingredientes:

- Masa para pizza
- 150 g de queso mozzarella
- 150 g de pollo cocido y desmenuzado
- 100 g de espinacas frescas
- Ajo picado
- Aceite de oliva

Instrucciones:

1. Saltea las espinacas con ajo y aceite.
2. Precalienta el horno a 250 °C (480 °F).
3. Extiende la masa y añade mozzarella.
4. Distribuye el pollo y las espinacas.
5. Hornea 12-15 minutos.

Pizza de Tocino y Champiñones

Ingredientes:

- Masa para pizza
- 150 g de queso mozzarella
- 150 g de tocino en tiras
- 100 g de champiñones laminados

Instrucciones:

1. Cocina el tocino hasta que esté crujiente.
2. Precalienta el horno a 250 °C (480 °F).
3. Extiende la masa y añade mozzarella.
4. Agrega tocino y champiñones.
5. Hornea 12-15 minutos.

Pizza de Pepperoni y Pimiento
Ingredientes:

- Masa para pizza
- 150 g de queso mozzarella
- 100 g de pepperoni en rodajas
- 1 pimiento (rojo o verde) en tiras
- Salsa de tomate

Instrucciones:

1. Precalienta el horno a 250 °C (480 °F).
2. Extiende la masa, unta salsa de tomate.
3. Añade mozzarella, pepperoni y pimiento.
4. Hornea 12-15 minutos.

Pizza de Queso Ricotta y Miel

Ingredientes:

- Masa para pizza
- 150 g de queso ricotta
- 100 g de queso mozzarella
- Miel al gusto
- Nueces troceadas (opcional)

Instrucciones:

1. Precalienta el horno a 250 °C (480 °F).
2. Extiende la masa y reparte el queso ricotta y mozzarella.
3. Hornea 10-12 minutos hasta que el queso se derrita y la masa esté dorada.
4. Al sacar, rocía miel por encima y añade nueces si quieres.

Pizza de Vegetales Asados
Ingredientes:

- Masa para pizza
- 150 g de queso mozzarella
- Berenjena, calabacín, pimiento y cebolla (asados y en rodajas)
- Salsa de tomate

Instrucciones:

1. Precalienta el horno a 250 °C (480 °F).
2. Extiende la masa y unta salsa de tomate.
3. Añade mozzarella y distribuye los vegetales asados.
4. Hornea 12-15 minutos.

Pizza de Pollo al Curry

Ingredientes:

- Masa para pizza
- 150 g de queso mozzarella
- 150 g de pollo cocido con salsa de curry
- Cebolla picada

Instrucciones:

1. Precalienta el horno a 250 °C (480 °F).
2. Extiende la masa y coloca mozzarella.
3. Añade el pollo con salsa de curry y cebolla.
4. Hornea 12-15 minutos.

Pizza de Jamón York y Queso

Ingredientes:

- Masa para pizza
- 150 g de queso mozzarella
- 150 g de jamón York en lonchas
- Salsa de tomate

Instrucciones:

1. Precalienta el horno a 250 °C (480 °F).
2. Extiende la masa y unta salsa de tomate.
3. Añade mozzarella y jamón York.
4. Hornea 12-15 minutos.

Pizza de Chorizo y Queso Manchego

Ingredientes:

- Masa para pizza
- 150 g de queso manchego rallado
- 150 g de chorizo en rodajas
- Salsa de tomate

Instrucciones:

1. Precalienta el horno a 250 °C (480 °F).
2. Extiende la masa y unta salsa de tomate.
3. Añade queso manchego y chorizo.
4. Hornea 12-15 minutos.

Pizza de Cebolla Caramelizada y Queso de Cabra

Ingredientes:

- Masa para pizza
- 150 g de queso de cabra
- 2 cebollas caramelizadas
- Aceite de oliva

Instrucciones:

1. Precalienta el horno a 250 °C (480 °F).
2. Extiende la masa y reparte el queso de cabra.
3. Añade la cebolla caramelizada.
4. Hornea 12-15 minutos y rocía con aceite de oliva al sacar.

Pizza de Mozzarella y Tomate

Ingredientes:

- Masa para pizza
- 150 g de queso mozzarella
- 2 tomates frescos en rodajas
- Albahaca fresca
- Aceite de oliva
- Sal y pimienta

Instrucciones:

1. Precalienta el horno a 250 °C (480 °F).
2. Extiende la masa y reparte mozzarella y rodajas de tomate.
3. Hornea 12-15 minutos.
4. Al sacar, añade albahaca fresca, aceite de oliva, sal y pimienta al gusto.

www.ingramcontent.com/pod-product-compliance
Lightning Source LLC
LaVergne TN
LVHW081328060526
838201LV00055B/2526